ネガティブは愛

脱・自分嫌いのスピリチュアル

紫貴

みらい PUBLISHING

はじめに

なぜ自分を好きになれないの？

「あなたは自分のことが大好きですか？」

この質問に「ハイ」と即答できる人が少な過ぎます。わたしはこれが問題だと思うのです。

なぜ自分のことが好きになれないのでしょうか。

それは、そういう人の根本に、「自分なんて○○」と自己を否定するネガティブな気持ちがあるからです。

私は、なにをやったって、ダメ…。

自分なんて…。

「自分なんて」と思っている人には、行動する勇気が出てきません。


本当はなにがしたいのか？

どう生きたいのか？

それが、わかりません。


もっとひどくなると、無感情になります。じたばたする、もがくということさえしません。そんな感情をどこかに置いてきているのです。

それなら、怒りがある方がまだましです。怒りというのは、できない自分に対して怒っているわけで、そこには「あの人みたいになりたい」という悔しさがあります。

あなたは世界にたった一人しかいない大切な存在なのに、自分が自分のことを否定していることに、まずは疑問をもってほしいのです。

はじめまして、紫貴《しき》と申します。

私は霊感体質の家系に生まれました。亡くなった方が母に憑依し、母を通して伝えたい人にメッセージを伝える様子を、側で見ながら手伝いをしていました。いつも母と一緒にいた私は、物心ついたときから不思議な体験をしたり、人と違うものが見えたりと、スピリチュアルの世界が身近にありました。

母の死後、しばらくはその世界から離れていましたが、2011年の東日本大震災の直前に夢を見たことをきっかけに、自分に人と違う力があるなら生かさなければいけないと考え、スピリチュアルイベントやカウンセリングを再開しました。

そして現在は、BMEカウンセラーとして活動しています。

BMEとは、ボディ、マインド、エネルギーをあらわします。見えない世界の本質を伝え、身体と心をバランスよく整え、保つことができるよう、マインドの再構築を行っています。

ここ何年間か、第三次スピリチュアルブームといわれ、多くの方がスピリチュアルを学んでいます。

私のところにカウンセリングを受けに来られる方の多くも、スピリチュアルに興味をもち、スピリチュアルを学んだことがあると言われます。

では、そのみなさんは、スピリチュアルを学んで自分のものにできたでしょうか？　使えるようになったでしょうか？

もしかしたら、スピリチュアルのなにかしらを学べば学ぶほど、よくわからなくなってきているのでは？

幸せになりたいと思ってスピリチュアルを学んでいるのに、がんじがらめになって、逆に窮屈になってはいないでしょうか。

誤解しないでください。

私は決してスピリチュアルを学ぶことが悪いと言っているのではありません。スピリチュアルというのは、特別なものではなく、当たり前にあります。むしろ、人生に欠かせないものです。

スピリチュアルの本質がわかり、それを取り入れて生きると、間違いなく幸せ度が上がり、生きやすくなります。

本質がわからないと、依存してしまい振り回されるのです。

私は、みなさんにスピリチュアルを使いこなし、人生の質をあげてほしいという思いからこの本を書いています。

ただ、そのためには、まずは心の土台が必要です。

スピリチュアルを使う前に、自分のことを知っていて、自分のことが大好きであるという土台が必要なのです。

スピリチュアルの本質とは、自分には力がある、自分は素晴らしい人間だと思い出すことにあります。

上の世界や神様とつながるのではなく、自分とつながっている。そんなしっかりした土台があれば、スピリチュアルに遊ばれることなく、スピリチュアルを使うことができるのです。

あなたがあなたと深くつながり、本質を深め、スピリチュアルを使いこなし、あなたの人生が幸せなものになれば、これほど嬉しいことはありません。

目次

目次

第1章 ネガティブからの愛のメッセージを受け取るには

第4章

スピリチュアルの本質を知れば、あなたが変わる

第5章 幸せな人が増えれば、世界は平和になる 131

第6章

スピリチュアルに今を生きるための処方箋

序章

あなたを苦しめるネガティブの正体

日本人特有の性質なのかもしれませんが、他人と違うということがいけないと思ったり、枠にはまろうとしたりしてしまうところがあります。

・人と同じようにできない
・人より（能力や外見が）劣っている
・人より評価が低い

そんな風に自分で自分を評価していたら、どんどんネガティブな感情がわいてくるでしょう。そして、そんなネガティブな自分が、ますます嫌いになっていきます。

がんばっているのに、誰にも認めてもらえない

私の知人のA子さんのお話です。

彼女はずっと自分のことが大嫌いでした。

自分のことが嫌いなので、他人のこともあまり好きではありませんし、自分も他人も信用していませんでした。

彼女は、完璧主義の両親に育てられ、そのせいか、彼女自身も知らず知らずのうちに完璧主義になっていました。そのうち、完璧にしないと認められない、愛されないと思いこむようになってしまったのです。


その完璧主義の行動はお掃除に顕著にあらわれました。しかし、何時間かけてお掃除をしても、家族からは感謝されることもなく、気を使われるだけ。

「こんなに綺麗にしているんだから、感謝してよ」という、彼女のイライラは日に日に膨らんでいきました。

こうして彼女は自分のことが大嫌いになっていったのでした。

友達や家族にも「自分のことが大嫌い」だと言っていました。

「どうしたら感謝されるのだろう、どうしたら認められるのだろう」

そんな彼女は、なにかあるたびに、占いやカウンセラー、チャネラーのところに行き、相談をしていました。

家族のこと、仕事のこと、友人とのこと。トラブルや迷いがあるたびに相談に行き、そこで言われたことを忠実に守りました。

「〇〇神社に行った方がいい」と言われればその神社に行き、「これをもつといいよ」と言われたらパワーストーンなどもたくさん買っていました。

しかし、現状は変わりませんでした。なにをしても変わらない現状と自分に、ますます嫌気がさすばかりでした。

誰かに意見を聞かないと、自分のことを自分で決められない

あるパワーストーンを扱っているお店の話です。

その店のオーナーは、ある日突然、目の前に竜神様が現れ、ある道具を渡され
「これを使って多くの人を救ってあげなさい」

と言われたというのです。

興味があったので行ってみると、そこではひとりの中年の女性が、その道具を
もって、多くの人の相談にのっていました。

その人たちの話を聞いていると、

「今、体調が悪いのですが、病院に行った方がいいですか？」

と質問した人がいました。

すると、その女性が

「（竜神さまは）病院に行く必要はないと言っているよ」

と答えます。

「私の妻がこんな病気で、医師に○○と言われました。どうしたらいいですか？」

というようなことを質問した人にも、

「特に治療をしなくていいと言っているよ」

と答えていました。

私は、その情景を見て、とても不思議に思いました。

そんな相談をしなくても自分で病院に行って、なにもなければ大丈夫だと自分で判断すればいいことではないでしょうか？

誰かとつながっていると思えないと、安心できない

2011年、東日本大震災の前日に夢を見たことをきっかけに、私は新しいスタイルでスピリチュアルを伝えようと、着物で舞台に立ち、イベントを行っていました。

おかげ様でイベントは大盛況、たくさんの方が来てくださいました。そのとき私が天狗になっていれば、そのままイベントを続けていたかもしれません。

しかし、あるとき、

「私たちって、もうスピリチュアルがわかっているよね！　だからもう大丈夫だよね！」

という参加者の声が聞こえてきたのです。

私は言いようのない違和感を覚えました。

言い方はキツいですが、私には彼女たちが「どこかと、誰かと」つながったような気になって、みんなで安心しようとしているように見えたのです。

「それはスピリチュアルじゃない！」

私は心の中で叫びました、
そして、私は彼女たちに依存させてしまっていたことに気づいたのです。私はいつの間にか、自分が一番嫌な世界を自分で作ってしまっていたのです。

それ以来、私は再びスピリチュアルの活動ができなくなってしまいました。

いつも「自分以外の誰か」を基準に生きている

この3つのエピソードの共通点は、おわかりになりますね？

どの人にも、自分で決めて動くという基準がないのです。

動く基準がカウンセラーの○○先生や、パワーストーン店のオーナーや、スピリチュアルを学ぶ仲間になっているのです。

それではいつも他人の言いなりです。


あの先生がこう言ったからこうしている…。

このペンダントをもつと金運がアップすると言われたから…。

仲間がみんなこう言っているから…。

それは間違いなく依存しているだけなのです。

どんなに優秀なカウンセラーや、どんな素晴らしいスピリチュアルに出会ったとしても、結局自分の答えを出すことができず、元の木阿弥《もくあみ》。

「やっぱり、自分はダメ」

となってしまいます。

そして、そんなネガティブな自分をなんとか変えようと、また、次の目新しいスピリチュアルに手を出してしまうというスパイラルに陥っているのではないでしょうか。

そこが違うのです。

ネガティブな感情は、あなたに「本来のあなた」を教えてくれる大切なヒントです。本当の自分とつながれるチャンスなのです。

ネガティブを否定するのではなく、ネガティブからのメッセージを受け取りましょう。

自分のことが大好きだと言える人は、自分と向き合って、自分とつながっています。心の土台があります。

第1章では、ネガティブを否定せず、ネガティブからのメッセージを受け取って、「誰か」ではなく「自分自身」とつながるための方法をお伝えします。

第1章

ネガティブからの愛のメッセージを受け取るには

心の声を無視しない

本質的なスピリチュアルに出会うには、いったいなにからはじめればいいのでしょうか？

最初はわからないのも当然です。わからないから、いろいろなところに行って、「なにか違うかも…」

「楽しかったけれど、やっぱりこれではないかも…」

を繰り返している方は多いのではないでしょうか？

合うか合わないかというのは、最初は誰にもわかりません。

大切なことは、なにかおかしいと思ったときにやめる勇気があるかどうかです。

おかしいと思ったときのやめる勇気が、本質につながっていくターニングポイントになります。

それでも私たちは、

・やりだしたことは最後までやり遂げないといけない。
・途中で投げ出してはいけない

というような根性論のようなものを、子どものころから教えられています。

周りの人から飽きっぽいと思われるのでは？　などと考えてしまい、やめることを躊躇してしまうこともあります。


しかし、やってみてなにか違うかも…、なにかおかしい…、というあなたの感覚は間違ってはいません。

例えるなら、レストランに行って、メニューを見て、美味しそうだと思って注文してみたけれど、食べてみて「あれ？　思っていたのとは違うな…」、「私の好みの味ではなかった」というような感覚。

食べてみたり、飲んでみたりするのと同じように、実際やってみないとわからないのです。

私は、自分でなにかスピリチュアルの活動をしようと考えたとき、まず、ヒプノセラピー（催眠療法）の勉強をはじめました。

学んでいくうちに違和感が出てきたものの、途中で辞める勇気もなく、周りの受講生と一緒に開業までしました。けれど、全然楽しくありませんでした。

自分の心の傷や見せたくないものを見せることにも抵抗があり、私には合いませんでした。

そして、なにがやりたいのかわからなくなったとき、四柱推命の先生に出会いました。

すでに亡くなってしまわれましたが、その先生に「スピリチュアルは、現実を生きることだ」と教えられたのです。

四柱推命の先生のその言葉は、私を勇気づけました。

私は、「現実であるスピリチュアル」を学ぶためにヒプノセラピーをやめて、その先生のところで四柱推命を学びました。そのことに後悔はありません。

ただ、長年やって気づいたのは、占いはアドバイスをすることには適しているのですが、結局それればかりに頼るようになってしまうと、占いという枠の中で生きてしまうということでした。


占いも、英知をもとに人間が作り出したものです。

同じ生年月日だけれど、まったく違う生き方をしている人が、この世にはたくさんいます。

四柱推命の学びの中で、同じ誕生日なのに人生が違うのは、もっている素材通りに生きていないからだと教えられました。

しかしそのとき私は、人間なのだから、もっている素材以上のことをできるのではないかと考えたのです。

例えば、今すぐやりたいという衝動に駆られたとき、「今は、運気がよくないから動いちゃダメです」と止められたときのもどかしさ。今すぐやりたいことを、なぜ止められなければいけないのでしょう。

そんなとき占いというのは、「あなたはこの中でしか生きられませんよ」という〝枠〟でしかない。

それをどう生かすかだけで捉えればもちろん役に立つ情報だけれど、そこに答えがあると思っていると、結局その枠の中の操り人形でしかないと気づいたのです。

それに、占星術では良い時期だけれど四柱推命では悪い時期など、運気が良い悪いは占いによって変わります。

占い通りに生きていたら、なにもできなくなります。だから、生かすことは良いけれど、頼るのは違います。

占い、カウンセリング、チャネラー系…、どこに行くかというのは、そのときの自分の波動（注釈1）が引き寄せます。

もっと自分を探求したい、自分を向上させたい、そんなポジティブな気持ちで行けば、おそらく素晴らしい先生のところで学ぶことができるでしょう。

依存したいという気持ちをもっていれば、依存させられるところに行ってしまいます。

波動があまりよくなければ、それなりの人のところにしか行くことができないのです。後々考えると、自分がそのとき必要なランクの学びの場が全部用意されていたのです。

入り口はどこでもいいのです。自分の本質に反しているものであれば、絶対に違和感がどこかで湧くものですから、その感覚を無視しないでほしいのです。

・やったことは最後までやらないといけない。
・根性なしと思われるかもしれない。

そんなさまざまな観念が出てきたとしても、例えそこで多額のお金を払っていたとしても、おかしいな、これちょっとどうだろうと思ったときは、「いい勉強になった」とやめる勇気をもってください。

「どこかかおかしい」、「なにか違うな」というあなたの心の声を無視しないでください。

（注釈1）　波動とは、私は人のぬくもりのようなモノだと思っています。しなやかで、暖かく、優しく「この人の側にいると、なんだかいいなぁ」と感じるか、雑で、粗くて、陰湿な感じで「この人の側は、ちょっと居心地よくないなぁ」というようなモノで、誰でも判断できます。

霊感があるから、スピリチュアルを教えているから、良い波動を出しているわけではありません。

良い波動の中にいれば生きやすく、願いも叶いやすい。それは真実です。

自分の身をいかに良い波動の中におくか？　これは、日頃の生き方です。良い波動の中で生きている人は、物事を俯瞰的に見て判断できる人です。

自分を知る、信じる、大切にする

「なにか違うな」という気持ちは、どのようにしたら湧いてくるのでしょうか？
それは、いつも自分自身と仲良くしていることに尽きます。
それでは、自分自身と仲良くするには、いったいどうすればいいのでしょうか？
それは、自分の今の気持ちを自分が知っているかどうかです。

例えば、学生時代の同級生にバーベキューに行こうと誘われた。私はここ数日残業続きで疲れているので、家で休みたい。

そんなときは、疲れていて家にいたいのに、無理をしてバーベキューに行くことはありません。自分が嫌であれば、嫌だと正直に言える自分になれるかどうかです。

周りに嫌われたらどうしよう、仲間外れになったらどうしよう、次から誘ってもらえなくなるかも…などと、そんなことを考えるあまり、自分の気持ちと一致しない行動を取らないようにしてください。

もし、嫌われてしまうからとバーベキューに行ってしまえば、その考えや行動は、自分の本質とは大きくかけ離れています。だから、常に自分がなにをしたいか、どうしたいかを自分が知っている必要があります。

自分が今、なにをしたいかを、いつも自分が聞いてあげることが、まずは、自分と仲良くなる一歩になります。

慣れていないと、最初は難しいかもしれませんが、今、この瞬間に「なにが飲みたい?」、「なにが食べたい?」と、どんな小さな自分の要求でも、自分に聞いてあげてください。自分がなにをしたいのかを知ってください。

それが、どんどん自分と仲良くなることにつながります。

ときには、時間を忘れるほど夢中になっていることがありませんか？

それは、そこに全集中しているということですから、そのときが本来のあなたであり、一致しているということになります。

日常的なことだと、「今日は、会社帰りはどこにも寄らず、家でゆっくりしたいな…」と思っていたのなら、どこにも寄らずに家に帰ってゆっくりしましょう。

帰り際に同僚にカフェに誘われ、なんとなく流されて、行ってしまうようなことはやめておきましょう。

毎日、この瞬間、この瞬間の自分を存分に満たしてあげてください。

怒り、不安はあなたを知るサイン

私は現在、3つの言葉「幸せですか?」「毎日楽しいですか?」「自分のことが大好きですか?」というテーマでお話会をしています。

その3つの問いに対して、ほとんどの人は「ハイ」と言うことができません。

ただ、「ハイ」と、言えるような人たちも、毎日お祭り騒ぎをして楽しく生きているわけではありません。

生きていればいろいろなことがありますから、自分の本質とずれる瞬間は間違いなく何度もあります。

なにかをやろうと決めて行動したとき、思った通りの結果が出ないときもあります。そんなときは誰でも落ちこみますし、不安にもなります。

でも、3つの言葉に「ハイ」と言える人は、自分で自分を立て直すことができます。やらずに後悔するよりもやって経験を積んだことを、成長したと捉えるからです。


ちなみにある方が教えてくれた言葉にこんなものがあります。

「失敗はありません。なにか行動した先にあるのは、成功か成長です」

私もそう思います。自分のことを大好きと言える人は、自分の本質からずれるたびに、それを自分で戻すことができる人です。


ネガティブな感情が出てきたときは、本来の自分とずれているサインだと気づいてください。

ちょっと不安、大丈夫かな、イライラしているな…、というような、そんな感情が出てきたことは、自分でもわかります。

そのときは、サインが来た！　と思えばいいのです。

ネガティブは、「今、あなたはこんな状態なんだよ」と教えてくれている愛のサインです。

サインが来たのですから、「大丈夫、大丈夫、自分を信頼して戻ろう」と、慣れるまでは、意識して戻ってください。

よく、ダメだった原因を探って、次に生かしなさいと言う人もいますが、ダメだった原因を探る必要はありません。それよりも、まずはリラックスして自分を静めて、次になにができるのかを考えてください。

人間だから、一旦イライラすると、イライラを終わらせることはなかなか難しいですね。怒ってはいけないとよく言われますが、それは嘘です。

怒っても構わないのです。

ただ、怒りを誰かに向けてしまうと、社会的な問題になってしまいます。それはいけないことですが…。

私、怒っているわ…、イライラしているわ…、と感じたら、まずは怒っていることを認めてください。

私、怒っちゃった…。私って駄目な人間…と、ネガティブな気持ちが出てきたからといって、落ちこむ必要はありません。

「私、怒っている…」

「むかついている…」

それでいいのです。

そうやって、湧き上がってくる気持ちを受け止めてあげると、自然とネガティブな気持ちがフェイドアウトしていきます。

怒っていることを自分で否定してしまうから、あのとき怒りたかったんだけれど、怒れなかったというような「怒りたかった自分」が、後々別のところで出てきて、じたばたしたくなるのです。

怒りたければ、怒ればいいのです。

私はこれですごくむかついている！　そして、なぜむかつくのかな？　と考えて、なるほど、これが原因か！　で終わればいいのです。

人というのは、ほとんどが人のことで悩んで、人のことで怒っています。

結局目につくところは、自分ももっているところだから、反応してしまうのです。

この人は、なぜこういうことができないんだろう？　と思うところが、案外自分でもできてないところだったりします。自分にもそういう要因があるから、できない人がいると、イラっとしてしまうわけです。

自分を丸ごと受け入れていたら、他人も丸ごと受け入れられるのです。

ネガティブは否定するほど現実化する

自分のことが好きではないという人は、「自分なんて」という「無価値観」が心の奥底の方で芽生えています。

無価値観というのは、感情の中で一番下のラインの感情です。

要は感情すら感じないというような状況です。

この人が「自分のことを大好きです」と言えるようになるには、かなりの時間がかかりますし、非常にハードルが高いのです。

「ありがとう」と100回以上言い続ければ現状が変わると聞いたことがありますが、言っても疲れるだけで、あまり変わりません。

けれど、コツコツと変えていく方法はあります。

毎日、自分の感情と向き合って、自分の感情を整えてください。私は、これを『感情と向き合って、心地よい自分で居続けられる心のトレーニング』と呼んでいます。

感情を大切にするというのは、今の自分に気づいてあげるということです。例えば、今、不愉快だ。今、不安だ。今、焦っている……。

自分がなにを感じているのかわかるということは、今の自分を大切にしてあげているということです。それが今を生きているということになります。

ほとんどの方が、過ぎてしまった過去のこと、

あのときはああだった、こうだった…、

あのときああしていれば…、

あのときこんなことがなければ…、

と、過去のことばかりに気持ちが囚われていたり、今うまくいってないのは過去のせいだと思ったり、

どうしよう…、

大丈夫かなぁ…、
不安だ…、
と、まだ来てもない未来に目を向けてしまったりして、今を生きていません。
常に今を生きていることが大切なのですから、今の自分を自分がきちんと見てあげてください。

引き寄せの法則の話を聞いた人があると思いますが、実際にされたことはありますか？

やったことはあるけれど、思い通りに行かなかったというのがほとんどだと聞いたことがあります。

なぜ、あの法則はうまくいかないのでしょうか？

それは、今の感情が未来を作っているからです。


今、幸せではない、不安、不満、ネガティブな思いでいっぱいの人などは、今、不幸な気持ちでいっぱいなわけですから、幸せになりたいと願っても、その感情で生きている以上、永遠に幸せにはなれないのです。
ある意味、これは引き寄せが成功しているということです。
だったら、今の感情を変えていきましょう。

今、この瞬間、今日一日幸せだったな、居心地が良かったな、という気持ちを一日一日、階段を上るように作り上げていくことが大事です。

「幸せですか？」「毎日楽しいですか？」「自分のことが大好きですか？」。この3つの問いに対して、簡単に「ハイ」と言えるように、波動高く、機嫌よく居続けられるようにする。そのために感情を整え続けましょう。

今を精いっぱい楽しみましょう！

私たちは生まれてくるときに神様とふたつの約束をしています。
ひとつは、「自分の人生を楽しみます」。
もうひとつは、「人の役に立ちます」。
このふたつを神様と約束して生まれてきます。
さて、どちらが大事だと思いますか？
もちろん両方大事ですが、まず大切なのは、「自分の人生を楽しみます」です。
自分の人生を楽しんで生きているだけで、周りの人を幸せにするからです。
彼女（彼）みたいに生きたいわ～
彼女（彼）といると元気をもらえる！
彼女（彼）みたいになりたいな～

彼女（彼）が存在しているだけで、第三者の人が元気をもらえたり、私もこうやって生きようと決められたりと、いい影響を及ぼすのです。

銀座に『デルソーレ』というシェアスナックがあります。そのスナックは20名の女性が共同運営していて、日替わりでママがお店に立ちます。

女性の中には、フリーランス、経営者としてバリバリ働く女性や子育て中のリアルママもいます。二足どころか三足の草鞋《わらじ》を履く女性たちは全員、やりたいこと、好きなことに向かってキラキラと輝きながら生きています。

経営者の恵さんは、そんなママたちを「パラレルキャリアママ」と呼んでいます。

彼女に「どうしてこのお店をやろうと思ったの？」と聞きました。

すると、「私、お酒が好きで、飲むのが好きで、人と話すのが好きなんです。スナックというコミュニティの場を作りたかったんです。対話を通して自分とつながり、人とつながり、社会とつながる、そんなコミュニティの場を作りたかったんです」と話してくれました。

さらに「私、自分が大好きなんですよ」と、いとも簡単に言いました。

私は、「聞かれる前に、自分から言う人がいるんだ！」と衝撃を受けました。

私も自分のことが大好きと言えるようになっていたので、彼女の姿を見たときに、これが本質だな！　本当の姿ってこれだよね！　と気づいたのです。

成功しているから、自分が好き、ではないのです。

自分が本当に好きで、自分のやりたいことをとにかくやっていたら、成功したのです。もちろん、努力はしていると思います。

彼女に「大変なことはないですか？」と聞くと、

「もちろん、経営していく上でいろいろなことが絶対あるし、それもきちんとクリアはしているけど、自分が好きなことをやっているんだから、そんなことあたり前でしょう？」と、おっしゃっていました。

彼女の経営するスナックは、自分の好きを極めてできたわけです。

「私、自分のこと大好きなんですよ！」と言った彼女の顔は、とても楽しそうで、生き生きしていました。

彼女は、他人の人生を邪魔したり、嫉妬したりすることは、一切ありません。いい意味で自分のこと以外、眼中にないのです。

彼女のモットーは、「ありのまま、しなやかに人生を丸ごと楽しみ、半径3メートル以内を笑顔で満たす」です。

彼女は神様との約束を果たしている、とても素敵な女性です。

輝いている人は、遠巻きに見てもかっこいいですね。

彼女は明るく笑いながら生きているだけで、周りの人に影響を及ぼしています。

そのことに気づいたとき、「幸せですか？」「毎日楽しいですか？」「自分のことが大好きですか？」という3つに即答できないということは、やはり問題だと思ったのです。

彼女のように、自分の人生を楽しみ尽くすと、周りに大きな影響を与えます。

代表的な例でいうと、MLBのロサンゼルス・エンゼルスに所属している大谷翔平選手やシアトル・マリナーズにいたイチロー選手もそうです。

大谷選手みたいになりたいと思うだけで、子どもたちは野球に夢中になり、元気になります。

でも、大谷選手や、イチロー選手は、自分自身の人生を楽しんでいるだけではないでしょうか？

「大谷選手だからできるのでしょう？」

「イチローだからできることじゃん！」

と言う人もいるでしょう。

もちろんこの世に一人しかいない人ですから、誰も大谷選手やイチロー選手にはなれません。

でも、あなたらしさを生かしたオンリーワンになることはできます。

日本の家庭では、「人の役に立ちなさい」、「自分のことばかり考えちゃ駄目よ」と教えられます。

それは、一見いい教えではありますが、そうやって人に気をつかい、人に認められるために頑張っていると、どんどん本質からずれてしまいます。

まずは、自分が満たされる、幸せになることが先なのです。

自分が満たされていないのに、人のためになにかをやったときに生まれるのは、

「こんなにしてあげたのにどうして答えてくれないの？」

「私はこんなにやっているのに、あの人ばっかりずるい」

という見返りを求める気持ちです。


神様との約束を果たして、今生《こんじょう》が終わり、神様のところへ帰ってきたあなたは、神様に聞かれます。

「今生、楽しみましたか？」

それしか聞かれません。

誰かのためにボランティアをすることももちろん素晴らしいけれど、自分が楽しく生きているその波動が周りに影響します。

だから、自分が満たされていると、誰かのためになにかをする必要がなくなるのです。


あなたは世界に一人しかいません。

あなたは、一度しかないあなたの人生を存分に楽しみ、あなた自身を極めてください。

そうすれば、間違いなくあなたを見て、あなたみたいになりたいと思う人が出てくるのです。

その結果、生きているだけで誰かは誰かの役に立っている、ということになるのです。

だから、「自分のことが大好き」と言えると、最後にはなにも要りません。開運日、ラッキーデー、暦のこと、今まで学んだ占いなど、なにも必要ないのです。

自分さえ整って、自分の答えが自分の中にあるとわかっていれば、すべて自分で調整できるのです。自分の中のある真理に気づいてください。

あなたはあなたのままでいい！

序章でお話したA子さんはその後どうなったのでしょうか？

40歳半ばを過ぎたころ、彼女は個人経営のエステサロンで働くことになりました。

そこに来るお客様は、エステをしている最中、さまざまな悩みを打ち明けてくれるようになりました。

顔のコンプレックス、体形のコンプレックス、人にはなかなか言えない悩みまで打ち明けてくれたのです。

そうするうち、だんだんと彼女の中に変化が訪れました。

「私は完璧にすることで、人に愛され大切にされると思っていたけれど、こんな私（完璧ではない自分）に自分の悩みを打ち明けてくれる人がいる。完璧な人などいないのでは？　そして、悩みを打ち明けてくれるということは、もしかして自分は信用されているのかもしれない…」。

ならば信用を返したい。私から、この人にできることで最善を尽くしてあげたい。心からそう思えたそうです。

そして、認めてほしければ、「今のままで私は完璧なのだ」と、まずは自分自身を認めることだと気づいたのです。

彼女は自分の気持ちが変わっているのを感じました。そして気づくと、周りの対応が変わっていたのです。

あんなにイライラしていた気持ちも穏やかになりました。

するると、家族から「いつもお部屋を綺麗にしてくれてありがとう」と言われるようになったそうです。

時間はかかりましたが、彼女は今「自分のことが大好き」と自信をもって言えるようになりました。

今では、「A子さんに会うと、みんなが元気になる!」とまで言われるようになったのです。

娘さんやお孫さんにも「どう、私ってすごいでしょう!」と自信をもって言えると満面の笑みを浮かべていました。

彼女のように、かつては自分が大嫌いだったけれど自分のことを大好きになって、自分を愛せるようになってくると、自分以外の人のことも愛せるようになります。

そうなると彼女もまた、人から愛されるようになります。

もうおわかりですね。

「幸せですか?」、「毎日楽しいですか?」、「自分のことが大好きですか?」の3つの質問に即答できる人というのは、心が自立している人であり、問題が起こっても、これからどうすべきかを自分なりに考えて、自分なりの答えを導き出すことができる人です。

どんな自分も受け入れることができる人、どんな状況であれ、どんな自分であれ、自分の人生に責任をもって生きることができる人なのです。

人に大切にしてもらう、人に認めてもらう、人になにかをしてもらう前に、自分で自分を大切にして、自分で自分を認めて、自分で自分を癒してあげましょう。

結局、これが一番です。それには、開運日も神社もパワーストーンも必要ありません。パワーストーンをもつことで気持ちがよくなるならもてばいいし、神社に行って気分がよくなるなら行けばいい。

自分を大切にする行為につながるなら、いくらでもやっていいのです。

でも、誰かに言われたからやる、これをもてば助けてもらえる、そういった気持ちでは、何も変わりません。

結局は、すべて自分の中に答えがあるのです。

第2章

スピリチュアルは「常日頃《つねひごろ》」に在るもの

あなたの思うスピリチュアルとはどんなものですか？　ＵＦＯに遭遇したり、宇宙人と会ったりすることですか？　それとも、光とともに神様のような人が現れて、素晴らしい啓示を下ろしたり、チャネリングでメッセージをもらえたりすることでしょうか？

言い出したらキリがないですが、これらは、どれもスピリチュアルであり、スピリチュアルではありません。


考えてみてください、これらの現象はすべて外側で起きていることです。

実際に見たり、体験したから信じているのかもしれませんが、これは、目に見えるものしか信じないという観念から起きたことではないでしょうか？

経験した人にはまぎれもなく真実です。けれども、これらを体験した人の話をすべて信じて、その人の言う通りにするのは違います。私たちは自分で体験したことがないことや、自分ではできないことができる人のことを「すごい人」と思う傾向があります。

特にスピリチュアルでは、この人の言うことを信じよう、このすごい人の言うことは間違いないだろう、この人を信じて学んでみよう、と思いこんでしまう習性があります。

これらの習性からできる関係を依存関係と呼びます。

今、この世にあるスピリチュアルには、この依存関係が多く見られます。これをもてば安心、幸せになれる、運が上がるなどの言葉に振り回されるのが、今のスピリチュアルのような気もします。

これらもすべて外側にある手段、技、技術習得に過ぎません。スピリチュアルをやっている人はそんなにすごいのでしょうか？　あなたはスピリチュアルをどんな風に捉えているでしょうか？

この本を読む中で少しだけ気をつけていただきたいことがあります。

いろいろなスピリチュアルの発信をされている方々がいます。

例えば、死後の世界を見てきましたという人がいたとします。それは、見てきた人にとっては事実であり、その方はその真実を良かれと思って発信をしています。

私も母親と過ごしたころに、同じような経験が実際にあったので、そのことは私の中でも真実です。

死後の世界を見てきた、宇宙を見てきた、神様と会ったというのは、見てきた人にとっては真実なので、それが嘘だとは思いません。

ただ、どの人の話もすべてを信じ切ってはいけません。

私の話も同じです。なぜならば、そうなった時点で依存関係になり、それはあまりいい関係だとは言えないからです。

100%誰かを信じることは危険だということを知ってください。真実は自分の中にあります。

死後の世界の話を聞いて、100%信じたがために、自分の中でそれを怖いと捉えてしまう場合もあります。

さらに、「そうならないためには、どうすればいいのですか？」とすがるような流れができてしまうこともあります。

ですからどんな話も、あなたが自分で考え、選びながら聞いてください。

自分が「いいな」と感じた部分だけをうまく取り入れて、自分なりの真実を作ってください。

私が体験させてもらったこと、教えてもらったことの情報は惜しみなく伝えますが、私の世界観が全部真実だと思わないようにしてください。

もし、小学校の授業にスピリチュアルがあったら？

国語、算数、理科、社会と同じように、もし小学校で、目に見えないものの授業「スピリチュアルの時間」があったとしたらどうでしょうか？

もしくは、小さいころからスピリチュアルを学ぶことが当たり前だったら、どんな世の中になっていたでしょうか？

もしそんな機会があれば、私たちの人生では、目に見えないものが存在するということが、当たり前になります。

心や思考と言ってもいいかもしれません。とにかく子どものころから、それらを当たり前のものだと捉えることができたら、誰もが生きやすくなっていると思います。


では、その授業ではなにを教えるのか？

私たちの命は多くのご先祖さまの末裔《まつえい》であること。私たちは必ず幸せになり、楽しむために生まれてきているということ。生きていれば、問題も起こるけれど、乗り越え方も知っているということ。

私たちは好きなことややりたいことも知っていること。自分の幸せが他者を幸せにするということ。神様とのコミュニケーションの仕方や宇宙のこと…。

言い出したらキリがありませんが、私たちは生まれてきたときに、すでに100%完璧で、なんでもできる存在であるということです。

「お天道様《てんとうさま》が見ているよ」など、昔は家庭の中でそんな会話が当たり前にありました。

日本人はことわざや風習、習わしの中にある「こうするとこうなるから気をつけよう」というような世界観を大事にしていたからです。


今はどうでしょうか？

パソコンの検索窓に知りたいことを入力し、ボタンを押すだけで知りたいことが一瞬で手に入るようになりました。

そして、なにかと合理的になり、答えがあるもの、科学的根拠に基づくもの、目に見える世界だけが正しいと言われているように感じます。そして、そう思わされているような気さえしませんか？

目に見えるものばかりにフォーカスされている今、大事なもの、本質を見極める力はどんどん退化しています。


本質を自分で見極められないから、誰かに頼る、依存するという構造ができてしまいます。

本当は、人は当たり前に幸せになるためにしか生まれていません。神様は私たちが幸せになることしか考えていません。


もし、小学校のときにそんな授業があって、見えない世界のことを教えてもらっていたとしたら、あなたの生活はどうなっていたでしょう？

あなたはどんな人生を送っていたでしょう？

そうなれば、将来を考えるとき、もっと楽しくて明るい未来を描くことができるでしょうし、もっと前向きな世の中になっていると思いませんか？

今、自分がなにになりたいのかわからないという若者が増えています。自分のことなのに、自分で決めることが苦手だという人も多いです。

理由は、私たちは自分で決められないように育てられているからです。それは、日本の教育制度が影響しています。

家や学校で子どもたちは、

・学校の先生の言うことは聞きましょう
・大人の言うことは聞きましょう
・親の言うことは聞きましょう
・子どもは、意見を言ってはいけません

という教育環境の中にいます。

そして学校は、子どもはなにもわからない、なにも決められないことを前提に教えています。

よほどわかった親ではない限り、ほとんど受け身の考え方になってしまい、自分のことを自分で決められないような子どもに育ててしまうのです。

子どもは生まれたときに、完璧な状態で生まれてきます。

生まれる前にお母さんのお腹の中で、これからの人生の6、7割の疑似体験をしているので、自分がどんな存在か、なにが得意かわかっていて、乗り越え方も知っているのです。（疑似体験の続きについては、「あとがき」に書いています）

急に子どもがやったこともないのに、「できる！」と断言したりすることがありますが、あれは、子どもは自分ができることを知っているからなのです。

それが残念なことに私たちは、子どもがもっているものをゼロにしていく、書き換えていく教育をしているのです。

子どもがやりたいと言えば、

「なにを言ってるの！　そんなの無理にきまっているでしょう?」

「よく考えてから行動しなさい」

などと、心配するあまり、子どもの好奇心を止めてしまっているのです。

子どもには好きなことをさせた方が、子どものもっている力を伸ばすことができます。なのに、今の日本の教育は、本来と真逆のことをしているような気がします。

これからの日本の未来を担うのは、今の子どもたちです。生き生きした子どもに育てたいと思いませんか?

あなたは、神社、お寺に行くことが好きですか？

ここ数年、神社やお寺に参拝に行く人が増えていますね。

旅行雑誌を見ていても、神社仏閣の旅、七福神と出会う旅、伊勢神宮ツアーなど多くの旅行会社が神社やお寺を巡る旅を企画しています。

また、お寺で写経や座禅を組む人も増えているそうです。

先日テレビを見ていると、元プロ野球選手が京都のお寺で座禅を組んでいる姿が放映され、「気持ちがすっきりした」と言っていました。

神社やお寺についての知識がある人も増えているように思います。

ところで、神様はいつも私たちのなにを見ているのでしょうか?

実は神様は、神社にお参りしている人を見ているのではありません。神社で参拝しているあなたの姿より、神様はあなたの常日頃を見ています。

これが昔から言う「お天道様は見ている」ということです。

たくさんの方が、神様のことをお話されています。

それぞれに信じるものがあり、きちんとお勉強された方もいます。私自身「お話が素敵だな」と思う方はいます。

しかしいろいろな方のお話を聞いて、少し疑問に思うこともあります。それは、神様はそんなに口うるさいのかな？　ということです。

もちろん礼儀やマナーなど、最低限のことを守るのは大事ですが、それは人間同士でもいえることですね。


「神社にはいつ行かないとダメ」「敷地の歩き方はこうでないと」「お参りのルール」など、多くの決まりごとをつけてお話をする人がいました。

そう話していた方は、とても熱心に神様に手を合わせていましたが、混みあっている神社で自分のお参りの仕方を徹底的に守っていました。

それは通常より時間がかかるもので、その方の後ろには長い列ができていました。

さらに、その方はお参りを済ませて神社を出たとたんに、態度が変わりました。電車の中で大声で話したり、人にぶつかっても「すみません」の一言もありません。

神様は大切にするのに、知らない人には横柄というのは、どうなのでしょうか？

それは、違うのではないかと思います。

神様はあなたの常日頃を見ています。神社でいくら熱心に頭を下げても、常日頃をおろそかにしていては意味がありません。

それに、お参りのルールを守らないから応援しないというような、そんな心の狭い神様はいません。神様にも人にも変わらぬ態度で、常日頃を大切に生きている人を神様は応援します。

そして、神様は楽しい人も応援したくなります。明るくて周りを幸せにする人を応援するのです。


お参りの方法をいろいろな形で教えている人がいます。そのお参りの方法も、すべて人間が作ったものです。しかも、いろいろな方が「これが本当のお参りのやり方」だと言います。

どなたかが降りてきて、お参りの方法を伝えていると言う人もいますが、その人を通した時点で、その人の概念だったり、エネルギーの影響を受けてしまいますから、それもあまり意味のあることではない気がします。

他には、「こんなことをすると、神様は怒りますよ」「罰が当たりますよ」と言う人もいます。しかし、神様が怒ったり、人に罰を与えることは絶対にありません。罰が当たるとすれば、自分がやったことが自分に返ってきているだけの話です。人様《ひとさま》に石を投げれば、その石が跳ね返って自分の後頭部に当たっているだけです。それは、怒りや罰ではなく、自分が投げたものが自分に返ってきているだけなのです。

ですから神様は、常日頃あなたがどんな生活をしているのか、あなたの行動を見ているのです。

いくら神社に足繁く通ったとしても、神様のエネルギーを使いこなせる自分の土台がなければ、人生が変わることはありません。

定期的にお参りに行くより、毎日の生活の中で、神様はなにを見れば喜ぶのかを意識しているといいのではないでしょうか？

あなたにとって神様とは？

私たちの命は子宮に宿り、生まれるときは、産道を通って生まれてきます。神社に行くときも、参道を通って、お宮に手を合わせます。お宮に宿り産道を通り生まれる。参道を通りお宮に手を合わせに行く。このことからわかるのは、私たちは神様の子であり、神様だということです。

神社へ行くのは、お里帰りと考えてください。

お里に帰れば、「今、こんなことをやっています」と報告してもいいし、「疲れちゃったから、実家に帰ってきたよ」と、リラックスしながら近況報告をしてもいいですね。

人というのは、ついつい順位をつけたがる癖があります。よくあることですが、横柄な人は、人を見下す癖があります。

自分に自信がない人は、自分より上だと評価している人にはへりくだるような態度を取ってしまいます。

でも、私も神様で、あなたも神様、みんな神様だと考えるとどうでしょうか？

私たちは人間で、あの人が神様とつながっていると思うから、ついついへりくだってしまうのではないでしょうか。もし、みんなが神様だとしたら、お互いのことをリスペクトし合い、協力的になります。

そして、情報共有しあったり、「今日も一緒にこの世の中を良くしていこう！」と、世のため人のために力を合わせようと思いませんか？

どうして神様が見えないのかというと、波動が違い過ぎるからです。波動が違い過ぎて、私たちの世界に降りてくることはないのです。

だから私たちが波動を地球に合わせて、神様の子としてこの地球に降り立ち、人間として生きているのです。

姿が見えないからこそ、神様というのはすごいものだと思ってしまうのかもしれません。ただ、神様は、祈ってほしい、崇めてほしいというようなことは一言も言っていません。

神様は、崇めるものでもすがるものでもないのです。

上下関係を作り出す癖がある私たちは、ついつい崇めてしまうのです。それが極端になってくると、なにが生まれるのでしょうか?

極端になると、宗教が生まれます。宗教を作り出したのは人間です。リスペクトしあう人間ではなく、「自分の力をみせつけたい」というエゴをもった人間が作り出したもの。

それが宗教です。

私は、なにかを信仰する気持ちは大事だと考えています。

ただ、なにを信仰すればいいのかというと、自分自身を信仰すればいいと考えています。

私の宗教は私でいいのです、自分自身をずっと深く信じればいいのです。

それなら、神様はいつもなにをしているのでしょうか?

神様は、神様の世界で私たち見守ったり、地球をうまくやっていこうとしたり、私たちが幸せになれるよう、なにかしらのサポートをしてくれています。

現世で実際に身体を動かしているのは私たち人間です。私たちは神様と共同作業で物事を進めているのです。

これが神様と私たちの関係です。

霊感があることはすごいこと？

霊感があるということを、すごいことだと思っていませんか？

そんなことはありません。現代人は、目に見えることにフォーカスするあまり、霊感や見えないものを見る力が弱っていますが、基本的に、霊感は誰にでもあります。

霊感があって、霊が見えたり不思議体験をする人がすごいかというと、そんなことはないのです。大事なのは、その人がどことつながっているのかということです。

以前、天照大神《あまてらすおおみかみ》からメッセージをもらっているという人がいらっしゃいました。しかしそれは、天照大神と名乗りたい誰かかもしれないということです。

人間の世界でも威張りたい人はいますね。

「私はこんな生まれで、こんな学校を出て、これだけ稼いでいるんだよ！」「私ってすごいんだよ！」というような人は、どこの世界にもいるのです。

霊界にも同じような人がいるのです。

「私、天照大神って名乗りたい！」

「私、すごい人って思われたい！」という人が霊界にもいるのです。自己顕示欲をもっている人の霊感とつながる人が、そういう人だということです。

霊感の強い人が、実際に見えないなにかとつながってメッセージを降ろしていることはありますが、どこのエネルギーをもらって降ろしているのかが大事なのです。

そこの見極めができない人たちは、「あの人、天照大神とつながっているよ！」と信じてしまう。ただそれだけの話です。

これも、私たちが「すごい人」という立場を作る癖がついているからです。なぜすごい人を作るかというと、「自分なんて」と考える構造ができているからです。これが直らない限り、永遠に自分よりすごい人を生み出すことになります。だから、自分のことを大好きと言い切る必要があるのです。

立派な会社の社長さんでも、誰とも明かさずに、早朝に出社して、作業服を着て、会社のトイレ掃除をしている人がいます。

霊も一緒です。

本当にレベルの高い霊は、「名乗るほどでもございません」と正体を明らかにせず、去り際に「あなた、これをやっておいた方がいいよ」と言って、静かに去っていくのです。

みんな誰かのためになっています。だれもが素晴らしい存在です。

家を建てるときのことを考えてください。建築士が図面を書き、その家を建てるのに必要な職人さん、大工さんがいます。とび職の職人さんが足場を作り、水回りや電気回線をそのプロである職人さんが作り、壁塗りや屋根塗りをする職人さんがいます。

誰一人欠けても家は完成しません。

人はついつい、職業で人を判断してしまうところがあります。水商売もそのひとつです。

専業主婦も立派な仕事です。年中無休で報酬なしでやっている仕事だと考えれば、高給取りの男性も頭が上がりません。

どんな仕事であれ、なにをしているのであれ、その人が心を込めて生きていれば素晴らしいのです。

一人ひとりが素晴らしい存在であると、お互いを認めあう世界を創造しましょう。

昔の言い伝え・風習について

私たち日本人は、「見えないなにか」に対して、力があると信じたり、尊さを感じたり、感謝したりする感覚をもっています。

日本古来の文化である神道の最大の特徴は、「多神教」です。神様は一人ではなく、各地の神社で数えきれないほどの種類の神様がお祀りされています。

その数と種類の多さから「八百万《やおよろず》の神《かみ》」と言われています。

考えてみると、天照大御神から、山の神様、川の神様、火の神様、水の神様、台所の神様、海の神様、商売の神様、縁結びの神様、七福神など数えきれないほどの神様がいますね。

そして、毎年旧暦の十月には全国の八百万の神が出雲の国に集まり、

「神在祭《かみありさい》」が行われ、縁結びや来年の穀物の収穫についての会議が行われると言われています。

お盆になれば、お墓参りにも行きます。

お盆には、故人の魂が現世に戻ってきます。お彼岸も同じです。お彼岸の中日である春分の日、秋分の日は国民の休日ですが、春分の日は、自然をたたえ、生物を慈しむ祝日。秋分の日は祖先を敬い、亡くなった人をしのぶ祝日だと祝日法で定められています。

先ほども書きましたが、『お天道様が見ているよ』は、「誰も見ていないところでも、悪事を働いてはいけませんよ、空からお天道様が見ているから」という意味です。

他には、食べ物を残すと「もったいないお化けが出てくるよ」などと言われませんでしたか？

そして、嘘をつくと、「閻魔様に舌を抜かれるよ」や、「雷様におへそを取られるよ！」などと、言われたことがある方も多いのではないですか？

見えないものに関する気持ちは、子どものころに両親や祖父母などから受け継がれ、知らない間に自然と私たちの生活の中に根づいています。

「すごい」と思う感情の裏にあるもの

人は自分ができないことができる人、わからないことがわかる人を「すごい」と思う習性があります。尊敬の念とは違う、ある意味では、できない自分、わからない自分を蔑む意味での「すごい」です。

私たちは子どものころから常に比べられ、競争し、評価されています。学校の勉強、成績評価、偏差値がそれでしょう。

できる子は「すごい」と褒められ、できない子は「どうしてできないの？」と責められます。その子、その子の得意なことやできることは違うのに、そこは褒められません。

もちろん、勉強やスポーツで良い成績をだしている子はとても素晴らしいです。しかし、そこだけで子どもたちを評価するのは違うと思うのです。

勉強ができる子、運動ができる子を大人が「すごい、すごい」と騒ぎ立てるのを見ているので、できない自分はすごくない、ダメなんだ…、と無意識に自分の心にインプットしてしまうのです。

いわゆる自己肯定感が低いということです。

だから、大人になって、スピリチュアルの「すごいこと」を見せられると、「自分はダメだからこの人についていこう」と依存が生まれるのです。この人からスピリチュアルを学ぼうと思うのです。

今まで見たことがない世界であれば、なおさらでしょう。

何度も言いますが、私はスピリチュアルを学ぶことがダメだと言っているわけではありません。スピリチュアルを学ぶ前に、自分の心、感情をしっかりと整えて学びましょう。

第3章

自分自身とつながるための7つの習慣

スピリチュアルを使いこなすためには、自分とつながることが必要だと書きました。

この章では自分とつながるために、日常で習慣化してほしいことをご紹介しています。どれも簡単に実践できるものですから、できそうなものからはじめてください。

瞑想を習慣化する

ゆっくり目を閉じてください。そして、深い呼吸をしながら、心を落ち着かせましょう。まずは数分、気持ちを落ち着かせるところからはじめてください。

最初から頭の中をからっぽにする、なにも考えないなんてできません。雑念がどんどん出てきてなかなか集中できないものです。

エアコンの音が気になったり、冷蔵庫の音が気になったりするでしょう。そんなときは、エアコンの音に集中しても構いません。

完璧にしようと思ったり、難しく考える必要はありません。私も瞑想はあまり得意ではありません。

毎日、朝ごはんを食べるかのように、瞑想することを習慣化してください。慣れてくると、目を閉じるだけで心が落ち着くようになってきます。自分を整える訓練になります。

クライエントの中でも、一か月ぐらいで穏やかになってきた、考えが変わってきたとおっしゃる方がいます。

私の場合は、午前中に瞑想し、瞑想の最後に、意識的に「今日、一日私と出会う人、すべての人に良きことが起りますように」、「すべての人に良い時間が訪れますように」と言って瞑想を終えます。

人の魂は寝ている間、お里帰りをしています。

日中の身体はフル活動して疲れ切っていますから、身体を休めるためにも夜の睡眠はとても大事です。

でも、それだけではないのです。睡眠中、魂はお里帰りで休んでいます。本質の自分とつながりアドバイスをもらったり、今後の生き方の作戦会議をしたり…。毎日をよりよく過ごすためのエネルギーチャージをしています。ある意味では、寝ている間の自分が、「本当の自分」とも言えます。

朝は、お里帰りしてきたエネルギーで100%充電されています。一日のはじまり、活動前に瞑想をして今日一日を過ごすことで、本質の自分とずっとつながっていることができるようになってきます。

そうすると、一日の間で、なにかネガティブなことがあったりしても、そこに引っ張られることなく、影響されることなく、生きることができるようになります。私が朝に瞑想を勧める理由です。

瞑想が当たり前になると、自分の本質からの声を聞きやすくなります。

なにがやりたいのか、どう生きたいのかが、わかってきます。

人は他人の欲求に応えることで人に認められると思いこんでいます。親の欲求、先生の欲求、友達の欲求、パートナーの欲求、それらに応えることが認められること、良い人生を生きていることだと思いこんでいます。

その思いこみで生きた結果、子育てを終えた女性が「私の人生なんだったの？」と思ったり、会社に人生をかけていた男性が、会社から不当な扱いを受けたとき、「俺の人生、なんだったんだ！」と嘆くようなことが起きるのです。

自分の人生を生きている人は、いい意味で手抜きができます。なによりも自分を大切に扱います。

実は、これが周りにも良い影響を与えています。毎日の瞑想で自分の本質からの声を聞いてください。

瞑想によって呼吸が整うと感情が整い、感情が整うと波動が整い、波動が整うと人生が整います。

瞑想だけで、一日を安心して過ごせるようになってきます。一日一回〜二回、ぜひやってみてください。

自然の中で五感を整える

五感が整うと、人を見た目で判断せず、その人の本質を見抜く目が磨かれます。

虫の知らせ、肌が合わないなど、五感で感じることを意味する言葉もあります。

五感が敏感になると、なんとなくこの人といると安心する、この人といるとざわつくというような感覚がわかってきます。

さらに五感が整うと、第六感も鋭くなります。


私は、人より敏感な感覚があります。嗅覚と聴覚です。

人によって、独特のエネルギーの匂いがすることがあります。それは、体臭といえば体臭かもしれませんが、一緒にいる友達には感じられない匂いです。エネルギーの匂いは、人それぞれ違うのです。

五感は、自然の中で整えることが効果的です。

日頃、仕事で忙しい方こそ、お休みの日には自然に触れてください。近場でいいので、意識的に自然のあるところへ行ってみてください。

森に行ってマイナスイオンを浴びたり、鳥のさえずりを聞いたり、川の水に足をつけてみるなどして、自然を感じてみてください。

温泉も地球が沸かしてくれているお湯です。昔から湯治という言葉があったぐらいですから、身体も心も整えられて最高です。

そこまでできないという人は、家の中に植物を置いてみるだけでも違います。

誰かと触れ合い、ぬくもりを感じることも効果があります。

でも、今のご時世なかなか難しいという人もいらっしゃいます。そんな人には、自分で自分を抱きしめる「セルフハグ」がお勧めです。

それも抵抗があるという人は、自分で自分の身体に優しく触れ、「なんか私、いいいね！」と呼びかけたり、自分の名前を呼びながら、「○○って素敵だよね！」、「生きているから、こんなにあったかいんだよね」と語りかけたり、とにかく自分に触れ、体温を感じてみてください。五感を整えるにはそんな方法もあります。

少しずつ五感が整ってくると、感覚がとぎすまされてきます。

自然の力を借りて、五感を刺激して、自分を整えていきましょう。

三次元システムに感謝する

税金が高い、保険料が高いなど、今ある社会システムに文句を言う人がいます。

でも、そのシステムに守られているのも事実です。

保険料が高いと言いますが、病院に10割負担でかかると大変です。新型コロナウィルス関係でいうと、給付金があって、助けられている企業もたくさんあります。コロナに感染してしまい、市町村からの支援物資で助けられている家族もあります。

日本に住んでいると、よほどのことがない限り、飢え死にすることはありません。日本ほど平和で安全な国はありません。

それが当たり前だと思わずに感謝して受け取ることが大事です。文句ばかり言っているうちはなにも変わりません。

今、置かれている立場に感謝しながら、生活していきましょう。そして、変えた方がいいと思うところをみんなで変えていけばいいのです。

政治に関心を向けて積極的に勉強したり、医療費をかけたくないなら、健康な体作りや食事に気を配ればいいのです。

「不満だ」と文句を言うのと、感謝して「さらによくしよう」と思うのとでは、行動した結果が全然違うということに気づいてください。

自分軸を作り出す

〝自分軸〟とは、あまり聞き慣れない言葉ですね。これは、自分がどうありたいかということを基準にした考え方のことを言います。身体の中心に一本軸が通っていることをイメージしてください。

自分軸があるというのは、どういうことでしょうか?

例えば、ある人に相談して、いろいろなアドバイスをされたとします。自分軸のある人は、この人のここの部分はプラスになったから受け取ろう、などと、まず受けたアドバイスを自分なりに噛み砕いた上で、自分のものとして行動することができます。得た情報に振り回されることもありません。

自分軸のない人は、その人の言うことをそっくりそのまま全面的に信用してしまったり、得た情報に振り回されたりします。

美味しい話に便乗しがちです。外側に影響されやすくなるので、やりたいと思うことがコロコロ変わったりします。

自分軸がある人は心が平和です。冷静に判断できる人です。結局どうするのかを自分で考えるためには、自分自身を全面的に信じることが必要です。自分軸がないと決めることができないのです。

人生の操縦席には、絶対に自分以外の人を座らせてはいけません。誰かに自分の人生の操縦を委ねてしまうと、一瞬は楽かもしれませんが、ずっと誰かの言いなりになって、他者依存となります。

ただ、今の日本の教育から考えると、自分軸がある人というのは少ないように感じます。

・親、先生、（上司）の言うことは正しい
・年長者の言うことに従いなさい

というようなことを教えられ、小さいころから自分で考える機会が少なく、自分で責任を取る訓練がほとんどされていないからです。

これは親のせいでも誰のせいでもありません。そういった教育システムの中で育つからです。あなたの周りの大人も同じ教育を受けていますから、それが当たり前だと、多くの人が思い込んでいるのです。

偉いのは先生や親で、その人たちの言うことは正しいのだと思い込まされているのです。

何か、わからないことがあれば、先生や親に聞けばいい、そう思い込んでいるのです。

この思い込みがあるうちは、自分軸はできません。

学校の先生や親が、スピリチュアルの先生に変わっているだけです。

誰もが、たくさんの思い込みをもって生きています。

まずは、自分の思い込みに気づいてください。そして、その思い込みを捨てていってください。

思い込みを捨てていくと、あなたの人生は自由になります。と、同時に自分の人生に責任を持つことになります。

自分を信頼し、自分の人生の操縦席に座り続けることができるのです。

地球意識で生きる

五感のお話とつながりますが、地球意識で生きるということも大事です。

山に行って壮大な自然の中に身を委ねたとき、限りなく澄んだ空気を吸い気持ちいいなと感じたとき、自然というものの偉大さを感じることがあります。

自然の中で、私たちというのはただただ生かされているだけの存在だと気づきます。

一度、自分が海や河川になったつもりで、想像してみてください。

毎日、合成洗剤を口に流されたら…、どんな気持ちになりますか？

毎日、排気ガスを吸わされると、嫌ですね…。

私も自然の一部であるのに、そこに毎日合成洗剤を流され、排気ガスやごみをポンポン投げられたらどうでしょうか？

自然がゴミだらけになっているということは、自分の身体がゴミだらけになっているることと同じことではないでしょうか？


私たちは大自然の中で生かされていて、自然と自分がつながっていると思えば、ごみを捨てようなどとは思いません。「洗剤を流してもいいや」とも思いませんよね？

自分を傷つけることは人を傷つけること、自然を汚すことは自分を汚すこと。すべてがつながっていると思えば、人も自然も大切にしたくなります。

私たちは知らないうちに、10日間でクレジットカード2枚分のマイクロプラスチック粒子を食べているという研究データがあるそうです。

それは、海や河川に捨てられているプラスチックを魚が食べているということで、私たちが今までしてきたことの結果です。私たちは河川や海を間違いなく汚しているのです。

日本のおとぎ話の『桃太郎』では、おばあさんが川で洗濯をしていましたが、昔は川の水がきれいだったのでしょう。洗剤を使わなくても汚れが落ちたのです。

そんな私も数年前から洗剤は使わず、アルカリ性の高い水で洗濯をしています。

強制にしてしまうと辛くなってしまいますから、できることからでいいと思います。意識を向けるだけでも違います。

自分のことに対しても、環境のことに対しても、一番の罪は「無知、無関心」です。

事実を知った上で、自分ができる範囲のことをすればいいだけのことです。

世の中というのは集合意識で成り立っています。だから、みんなの集合意識がちょっとずつ変わっていけば、世の中も少しずつ変わってきます。

今の生活の中でできることからで構いませんので、この自然を破壊しないような生き方、生活を心がけてみましょう。

日本人を感じて生きる

日本のことを学びたいという海外の方は、多くいらっしゃいます。

海外でお仕事をしたある日本人の女性が「日本文化のこと、日本のことを教えてほしい」とよく言われる、とおっしゃっていました。そのとき、日本人なのに日本のことをあまり知らないことにショックを受けるそうです。

昔の日本人は、綿や麻などの自然素材の着物を着ることによって、自然に身体を整え、着物の帯を締めることにより、丹田、チャクラを整えていました。それによって、エネルギーが見えない世界としっかりとつながっていたのです。

そして、長屋に住むことによって、人と人とのつながりもありました。

昔の日本人は、「見えないなにか」や「かみさま」を感じ大切にしていたし、人と人との関りも大切にしていました。

それが日本人の精神性が高いと言われる所以でしょう。

2011年に東北で起きた震災のときもそうです。あれだけ過酷な状況の中であっても、みんなで助け合い、暴動が起きない民族はいないと、その精神性の高さは海外で賞賛されました。

日本人の気づきや目覚めが世の中を変えていくと言われています。

だからこそ、日本文化に触れ、日本語の美しさ、日本人としての誇りを取り戻し、内側から湧き上がる気持ちを大切にしてほしいと考えています。

私も日常、着物を着ることで自分を表現しています。

そもそも民族衣装を自分で着られないなんて少し、寂しくないですか？

着物でハードルが高ければ、浴衣からでもいいのでみなさんもぜひチャレンジしてください。

海外に行くときも、日本のことを知らないで海外に行くのと、知っていて行くのでは、感じ方が違います。

もちろんどの国にも独特の文化があって、それぞれが素晴らしいですが、日本人であれば、日本人であることを改めて感じて生活していただきたいです。

こだわり過ぎをやめる

こだわり過ぎるのをやめましょう。

例えば、食品添加物は絶対に身体によくないという方もいらっしゃいます。もちろん、添加物を取らないようにして、無農薬のものや自然のものなど、身体にいいものを摂取する方が身体も喜びます。

しかし、身体にいいものを探しているうちに、ストイックになり過ぎて疲れてしまう人もいます。

スーパーで食品を探す顔が必死過ぎて鬼の形相だったら、怖いですね。私の感想ですが、ストイックになり過ぎている人で、あまり幸せそうな人を見たことがありません。

これはいいとか、これはダメとか、極端にこだわりすぎると心が狭くなります。

「善悪」「善し悪し」の二極化した判断しかできなくなります。

ですから、ガチガチにこだわりすぎるのはやめましょう。

わたしの場合ですが、コンビニのお弁当などは、あまり美味しいと思わないので基本的に食べることはありません。

それでも、もし、どなたかに「どうぞ」と出されたら、「このお弁当も私の体の中では栄養にかわる」、そう思って美味しくいただきます。

いい意味でこだわりをなくしていきましょう。こだわりすぎてがんじがらめになるのをやめましょう。

基本的にはなんでも楽しんでやりましょう。

第4章

スピリチュアルの本質を知れば、あなたが変わる

第3章では、自分とつながる方法についてお伝えしました。そのために、朝の瞑想と『感情と向き合って、心地よい自分で居続けられる心のトレーニング』は、お勧めです。ぜひ実践してください。ただ、人というのは、急に変化するものではありませんから、焦らずに自分と向き合って、日々の変化を感じ取ってください。そして、くれぐれも楽しむことを忘れないでくださいね。

ではスピリチュアルの本質を知っていくと、あなたはどうなっていくのでしょうか？　本質を知ることで、あなたはどんなものを手にするのでしょうか？

本質を知ると見えてくること

本質のスピリチュアルは実は簡単です。本質を知ると、超一流のスピリチュアリストになります。

スピリチュアルでは「無条件の愛」が大切だと言います。私も伝えています。条件付きの愛とは、「これができるからあなたは素晴らしい」「これをもっているからあなたが好き」と、なにか条件付きで人を判断し、好意をもつことです。

一方、無条件の愛とは、なにもなくていい、存在そのものが素晴らしく愛そのものだということです。自分は完璧だと知ることです。

ところが、無条件の愛を伝えている人のほとんどが、実は条件を付けてスピリチュアルを発信しています。

例えば、「あなたはこういう人だから」「これをすると運気があがる」「ここに行けば運気があがる」「今日は特別な日」「これをもつといい」などなど、条件だらけです。

本質のスピリチュアルには条件は一切ありません。

あなた次第で毎日が開運日になるし、あなた次第で人生はいくらでも変わります。

あえて言うなら一つだけ「自分を大切にしてください」。これが条件です。

占いやチャネリングに頼るのが普通の人、もらうアドバイスに振り回されず使いこなすのが一流の人、超一流は自分に答えがあると知っている人です。

不安、恐れが消え、精神的に安定する

私は、不安や恐れには2種類あると思っています。

ひとつは、

「自分らしく生きていないことから出てくる不安や恐れ」。

そしてもうひとつは、

「なにかにチャレンジし、なにかを乗り越えようとするときに出てくる不安や恐れ」です。

一つ目の、自分らしく生きていないことから出てくる不安や恐れとは、なんでしょうか。

自分がこれからどういうことをしたいか、どういう生き方をしたいかというのは、誰もが本心ではわかっています。

その本心に蓋をして、自分をごまかして生き続けること、これが一つ目の不安や恐れの原因です。

この不安や恐れは、現状を変えない限り、ずっと抱えたままになります。

そのうち、その本心が心の奥深くに埋もれてしまい、自分がどう生きたいのかもわからなくなってしまいます。

わたしたちは、自分の人生を楽しむために生まれてきています。夢ややりたいことが無い人なんて絶対にいないのです。

一つ目の不安や恐れは、乗り越えるのに大きな勇気が必要かもしれません。でも、その勇気によって人生は大きく変わります。

自分の本心がわかったら、夢ややりたいことにチャレンジしたくなります。

何かにチャレンジするときに出てくる不安や恐れは、何度経験してもいいと思っています。

乗り越えるたびに強くなれるし、それは夢を叶え続けているということでもあります。

少しずつでいい。ゆっくりでいい。やりたいことや夢をあきらめずに、生きていきましょう。

自分軸ができてくる

2章で、自分軸とは、自分がどうありたいかということを基準にした考え方のことだと説明しましたが、自分の本質を知っていくと、しっかりとした自分軸ができてきます。

これは、身体の中心に一本の軸が通っているイメージです。自分軸ができてくると、「私はこれが好き、これが嫌、これが大切、これはなくても大丈夫」と、自分のことがよくわかってくるので、いつも自分らしくいられるようになります。

いつも自分らしくいられるので、他人に気をつかったり、人に流されることは一切なくなります。

今まで、行きたくなかったけれど、子どものために仕方なく参加していたママ友とのランチ会、行かないと会社でなにか言われるかもしれないという気持ちから参加していた会社の飲み会、仲間外れにされたくない、嫌われたくないから参加していた女子会などには参加せず、自分のしたいことをして、与えられた時間を100％自分のために使います。

いい意味で自分の好きなこと、やりたいことをするので、他人によるストレスも大幅に軽減され、毎日前向きな気持ちで過ごせるようになります。

自分軸ができると、共感力が高まります。

依存関係ではない、他者との心地よい関係が築けるのです。

自分の使命がわかる

多くの人は、自分の使命を知りたいと思いながら、自分の使命を知らずに生活しています。

使命というと、大きなことを成し遂げることだと思いがちですが、そうではありません。読んで字のごとく、自分の命を使って、思い切り楽しみながら、生活すること、生きることです。

2024年にお札のデザインが変わるそうですが、1万円札に選ばれた明治、大正の実業家でもある渋沢栄一も『一人ひとりに天の使命があり、その天命を楽しんで生きることが、処世上の第一要件である』と使命の大切さを伝えています。

大きなことでなくでも、毎日を楽しみ、満足しながら生活していると、逆にすごいことができてしまうものです。好きなことをなんとなくやっていたら、それが使命だったということもあります。

使命がわかると、身体の奥底からエネルギーが湧いてきます。使命を知って、パワフルに生ききりたいですね。

直感が冴える

チャンスをつかみやすくなったり、進むべきタイミングがわかります。

たまたまいつもと違うスーパーに買い物に行くと、偶然、昔の友達に会って、そこから話が弾んで、一緒に仕事をすることになった……など、思いがけない展開が起こることもあります。

なんとなくそう思う。なんとなく行ってみた。この「なんとなく」を信じることができるのです。自分の感覚を信じることで、自分に自信もついてきます。自分で答えを出すことができるのです。

お風呂の中などでリラックスしているときに、いいアイデアが閃く瞬間はありませんか？　リラックスすることが直感を磨くことにつながります。

一日のなかで、自分なりのリラックスタイムをなるべくたくさん作ってください。

見えない世界の相棒とつながる

今、現世にいる自分以外に、もう一人の本当の自分が見えない世界にいます。

私は相棒という言い方をしていますが、ハイヤーセルフと言うこともあります。

ハイヤーセルフとは、見えない存在であるもう一人の自分のことで、今生、自分がなにをしたいか、どういう生き方をしたいか、なににチャレンジしたいのかを全部知っています。そして、どういう生き方をすればいいのか、その方法も知っています。

日本のテレビアニメである『機動戦士ガンダム』を思い浮かべてください。操縦席にはアムロ・レイが座っています。アムロがしっかりと操縦することによって、ガンダムは最強になります。

アムロが寝ていたり、操縦がわからなければ、ガンダムは力を発揮できません。操縦席に座っているのが本来の自分、つまり見えない世界にいる自分、相棒です。操縦席の自分とガンダムの自分が連携できなければ、力を発揮できません。

しっかりと連携がとれれば、自分の人生を楽しみながら、世のため、人のために生きる最強のガンダムになります。

もう一人の見えない自分は、三次元（現実）の自分に、「もっとこうすればいいよ！」と常に教えています。でも、三次元の肉体が忙しく動き回っていたり、そんな自分はいないと思っていたり、ネガティブな中にどっぷり浸かっていて、受信ができない状況になっていたりすると、受け取ることができないままになってしまいます。

本質を知っていくと、もう一人の見えない世界の相棒としっかりとつながっていくことができます。

もう一人の自分は、自分のことをなんでも知っています。もう一人の自分とつながると、なんとなく安心感の中にいることができるので、願いが自然に叶う世界に居続けることができます。

不安がなくなることから、動けるようになり、実際に動いていると、思いがけないところから、思いがけない展開が起こり、願いが自然に叶っていく世界に入ります。

やりたいことが見えてくるので、エネルギーが湧いてくる

先ほども書きましたが、本当はやりたいこと、やってみたかったこと、こうしようと決めていることを、見えない世界の相棒(ハイヤーセルフ)は知っています。もう一人の見えない相棒とつながってくることにより、やりたいことがキャッチできるようになります。さらに、エネルギーが出ているので、やってみようと、前向きな行動を起こすことができます。

無理して、望んでいないことをしていると、心が病んでしまいます。身体を壊してまでする必要はないので、辛くなったり、自分とは合わないと思ったら、やめておきましょう。

自己ヒーリングや自己チャネリングができるようになる

自己ヒーリングとは、自己ケアのことを指します。レイキ（注釈2）や気功などもヒーリングですが、小さいころ、お母さんに「痛いの、痛いの、痛いの飛んでいけ～」と言われて、痛いのが治ったという経験はありませんか？　そういうことが自分に対してもできるようになります。

セルフハグをして、自分の身体を労わってあげたり、自分の身体に「いつもありがとうね」と、感謝してあげると、身体は自然に整ってきます。

感情が整えば、身体も整うので、自己ヒーリングができるのです。

自己チャネリングとは、「これ、どっちにしようかな」と迷ったときに、誰かに聞いてみるのではなく、私はこちらだという決断が自分でできるようになることです。

結局、自分のことが自分でわかるようになるのです。

（注釈2）　レイキ（霊気）とは、日本で生まれ、世界に広がったヒーリングであり、手当て療法のひとつです。宇宙生命エネルギーを、ヒーラーの手を通して受け手の患部に流します。海外では一般的な医療としても親しまれています。

レイキはレイキティーチャーから、アチューメントを伝授されれば回路が開くので、誰でも使えるようになります。だからこそ、レイキを使う本人の精神性は大切です。私もレイキティーチャーですが、アチューメントを行う際には、そのことを伝えています。

第5章

幸せな人が増えれば、世界は平和になる

この本に書いてあることは、あなたが信じられることばかりではなかったかもしれませんが、「もしかしたらスピリチュアルはあるかもしれない」くらいの気持ちでいいので、ここに書いてあることを実践してみてください。

そうすれば、自分の意識が拡大して、あなたの人生は間違いなく変わります。

あなたが変われば、あなたのように変わりたいと思う人がどんどん増えてきます。

あなたが一番安心できる場所や、リラックスしている瞬間を、日常に意図的に取り入れて、自分を大切に扱ってください。


自分を大切にしていない人は、人から大切にされません。

自分を大切にすればするほど、「私は本当はなにを大切にしていきたいのか」「私は本当はこういうことがしたかった」などがわかってきます。

願望をもち続けるとは、成長し続けることです。夢は諦めなくていいのです。

本質のスピリチュアルに制限はないのです。

私たちは無条件の愛のもとにあります。無条件の愛が大事だとスピリチュアルの世界でもよく言われていますね。

幸運日、星の流れ、配置、暦、この日になにかをする、これをもつといい、今年の財布は何色がいい、などは一切関係ないのです。

善し悪しに限らず、多少の影響はあるかもしれません。それを信じていたらそうなるかもしれません。

しかし、やらなければの「ねばならぬ」のスピリチュアルに良い結果が出るのでしょうか?

宇宙にはもっと大きな愛があります、大きな視野があります。どの神様も宇宙も、はじまり、根源は「愛」しかありません。

教えていることは、ただひとつ「あなたは愛の存在です」ということです。

ところが、人間の意識が宗教や教えを作り、「これをやらないとあなたの愛は証明されない」『これをしないとあなたは幸せになれない」と定義付けをしました。

そこにある根本は「恐れ」です。

親が恐れの心で子育てをすれば、子どもを支配します。上司が恐れの心で部下に接すれば、部下を責めます。

自分が整い、自分を知れば、カレンダーにある開運日や、占いで知る自分の幸運日など、そんな期間限定の開運日は要らないのです。

自分が自分のパワースポットになれば、自分の人生を創造する情報やアドバイスはいつでもゲットできるようになります。幸せに限度もないのです。

あなたも、自分を信じて、大きな愛の流れに身を委ねてみてください。

気づきの構造

自分のことを「大好きです」と言える人が増えれば、世の中が変わってくると思っています。

幸せな人が世界を平和にするということも、まさしく集合意識です。その集合意識の人が増えれば、映し出される世の中が変わってきます。

昔、私がまだ憑依生活（注釈3）をしていたころ、アドバイスをくれていた人に聞いたことがあります。

「神様がいるのなら、なぜ発展途上国の子どもたちがいるの？　もし神様がいるなら、発展途上国のような世界は作らないんじゃないの？」

すると、彼女が

「本来はあってはいけない世界だよ。私たちがそれがなぜだめなのかということに、まだ深く気づいていないから、発展途上国の世界はなくならないんだよ」

と教えてくれました。

今、世の中では、多くのネガティブなことが起っています。それは、すべてこれではいけない、と多くの人に気づいてもらうためです。

発展途上国の子どもたちを見て、私たちはなにかしてあげたいと思うでしょう。

ボランティアだったり、寄付だったり…、そんな中、私たちは恵まれていることに気づくのです。

私は、もっと深い気づきがあると思っています。

発展途上国の人々全員が自立できる暮らしになるようにと、実際にその国に仕事を生み出し、人々を自立させようと援助している企業などがあります。

寄付やボランティアも大切なことですが、そこに「かわいそうだから…」という感情があると、かわいそうな人を作り出し、かわいそうな人を助けるという構造が成り立ちます。

もっと深い気づきとは、自立であり、共同作業です。集合意識で世界が変わるなら、深い気づきの集合意識が増えることで、発展途上国という国もなくなりませんか?

多くの人が気づくと現象が変わってきます。

個人レベルでもなにかを気づかせるためにネガティブなことが起こることはあ

りますが、今は個人レベルだけでなく、国レベルで起こっているということです。

一人ひとりがこのことに気づいていくと、大きく変わってくるのです。

そして、一人ひとりの心が平和であることです。世の中のネガティブな情報に心をかき乱されず、平和であることです。

（注釈3）　ここで言う憑依生活とは、母と二人暮らしをしていたころの話です。母は一級身体障がい者で、車いすや杖を使って生活をしていました。ベッドも医療用ベッドでした。

あるときを境に体の不自由な母に亡くなった方が入って、いろいろなメッセージを伝えてくるようになりました。

はじめに来たのが私の祖父母です。祖父母は、母の身体に憑依し、大切なメッセージを伝えてくれました。この祖父母は若くして亡くなっているので、生前に会ったことはありません。初対面が魂だったのです。

その後は、亡くなった方が母に憑依し、母から伝えたい人にメッセージを伝えるようになりました。伝えられた方は最初は驚かれていましたが、本人しか知らない話がほとんどだったので、メッセージを聞くと非常に納得し、喜んでくれました。

さらに、住んでいたマンションには霊道があり、通過する霊が私たちの住む部屋にとどまることがありました。そんなときは母とともに、とどまった霊を霊山に連れていくこともありました。

それらの体験をまとめて憑依生活と呼んでいます。

スピリチュアルと経済で世の中を良くする

お金を否定的に捉えて、貨幣経済から脱却しようとする人たちもいます。それぞれの考え方なので、その生き方は否定しません。実際にお金によってみんなの意識が疲弊しているのも事実でしょう。

しかし私は、お金は悪くないと考えています。お金を使う人の心が問題であると思っています。

もともと、お金は神様がお金を使うことによって、みんなが豊かに、楽しく生きられるといいね、という思いで創り、人間に渡したものです。

はじめは「貯める」という概念はなく、使うことでみんなが豊かで幸せになると思い使っていました。それが、いつのころからか、「貯める」という概念ができてきました。

自分のところに貯めておいて、なにかあったら使おうと、極端にいえば「自分さえ豊かならそれでいい」という考えです。

それは神様が考えていた使い方ではないし、そんなことも望んではいなかったはずです。

いつのころからか、お金をもっている人が力や権力をもち、もっていない人が貧しさを強いられるような流れに変わっていきました。

今では、お金を稼ぐためにいい会社に入る、そのためにいい学校にいくなど、お金が目的になってしまったのです。

格差社会や貧困のループから抜け出せないと思いこんで、自分の人生を放棄する人もいます。

では、どうすればいいかと言うと、そもそものお金に対しての意識を変えればいいのです。

神様が私たちにお金という物質を渡してくれたのはなぜか？　もともとは「あ

りがとう」という気持ちを伝える感謝のツールだったことを思い出して生きればいいのです。

いつか本当に貨幣経済が終わるときがきたとしても、心の豊かさとお金の豊かさが同じ人が多ければ多いほど、助け合いや協力が生まれてきます。

私は三次元のシステムやお金というのは、必要だから生まれたものだと思っています。三次元の中でみんなでやりたいことをやって、豊かになっていけばいいのではないでしょうか。

スピリチュアルを実践している人たちは、それなりに成功しています。スピリチュアルという概念がなくても、自分が大好きでやりたいことをやってうまくいっています。せっかく三次元の経済やお金というものが用意されているのですから、うまく使えばいいのです。

お金を上手く使って、経済も回して豊かになりましょうと発信している人もいます。その方たちは必ずこう言います。

「豊かな気持ちでお金を使いましょう」。

無くなる、減る、そういった気持ちではなく、

「このお金でみんなが幸せになる」という思いが先で、思いにお金を乗せて使うのです。

それが循環のはじまりになります。

思いが先で、そこからお金なのです。経済とスピリチュアルは一緒です。

楽しい大人が社会を変えていく

私のモットーは、「楽しい大人が社会を変えていく」です。

自分の周りにいる大人を子どもたちが見て、あんな大人になりたい、自分の学

校の先生を見て、ああいう先生になりたいなど、大人になることが楽しみになる子どもが増えることで、社会が変わっていくと考えています。

そこで私は、いつかフリースクールを作りたいと考えています。最低限の一般教養、歴史、日本文化の授業は入れますが、基本は子どものしたいこと、子ども自身の才能を伸ばすことを中心とした学校です。

子どもは生まれたときから、自分はなにをするのかわかっているのですから、それを引き出して、伸ばしてあげる教育をする予定です。

先生は、どんなことでも楽しんでいる大人、子どもが大人になることが楽しみになるような背中を見せている大人たちです。

そして、卒業するころには、自分がなにになりたいか、明確に決めて次に進んでいけるような学校を作りたいと考えています。

死ぬときに後悔しない生き方

いつ、どこでなにが起こるかなんて本当にわかりませんし、明日生きているという保証は誰にもありません。そう考えると、後悔しない生き方をしたくなります。

以下の5つは、死の直前に後悔することを私なりにまとめたものです。

・自分に正直な人生を生きればよかった。
・働き過ぎなければよかった。
・自分の気持ちを伝えればよかった。
・やりたいことに挑戦すればよかった。
・幸せを諦めなければよかった。

死ぬときにできるだけ後悔しないような生き方をしたいですね。

死ぬときに後悔しない生き方をすると、あなただけではなく、ご先祖様、子孫すべて関わった人たちに良いエネルギーを残すことができます。だから、その人たちにもいいことが起きます。

そんなあなたの存在は、素晴らしいと思いませんか？

自力と他力と神力

人が変わりたい、人生良くしたいと決心して、変わるのは自力です。

それがうまくいかないから、アドバイスをもらって変わっていこうとします。

それを他力と言います。

どうしても自力だけではうまくいかないことはあります。ダイエットや筋トレなど、最初はプロの方に基礎的なところを教えてもらった方がいいでしょう。

すべて自力でやろうとすると、うまくいかず失敗する確率が増えます。人というのは、失敗が重なるとどうしても気力がなくなってしまいます。だから他力を取り入れることも大切なのです。

そのとき、絶対に自力と他力は同じエネルギーである必要があります。

ところが、多くの人の場合、自力が下で他力が上になっているから依存関係が生まれてくるわけです。

自力と他力のバランスが崩れると、力関係が崩れます。他力が強ければ、「私の言うとおりにしなさい」というような一方的な力関係になります。

自力と他力の両輪が同じスピードで動くことによって、神力が出てきます。

まさか入れるとは思わなかった憧れの会社から内定をもらうなど、予想外の嬉しい出来事が起きます。まさに神様からの応援が入るのです。

第6章

スピリチュアルに今を生きるための処方箋

この章は、私がクライエントとセッションをする中で特によくいただく質問の中から5つをピックアップし、私なりに答えたものです。

質問形式になっていますが、お墓のこと、仕事のこと、子育てのことなどは、みなさんも一度は悩んだり、疑問に思った経験があるのではないでしょうか。

単に読み物として読んでいただいても結構ですし、これまでの答え合わせをしていただいても構いません。

まだ子育てなどの経験がない方は、今後の参考にしてみてください。

最後はずばり「自分を大切にする方法」です。ぜひ自分なりに深めていただければと思います。

ケース1

「お墓をきちんとしていないから、ご先祖様が成仏できていない。ご先祖様が成仏すれば、あなたの人生もうまくいく」と言われました

「ご先祖様が成仏できていない」とおっしゃった方は、その方の見てきた世界なので、それについては否定しません。

ただ、私が見てきた世界では、「ご先祖様が成仏しない」ということは一切ありません。

人は亡くなると、愛に包まれ光へと帰っていくだけです。

以前『千の風になって』という曲が大ヒットしました。それがもう答えだと思いませんか？

実際、お墓にあるのは骨だけです。お墓に行けば、お母さんに会える、おじい

ちゃんに会えるという気持ちになれる、そんな安心の場所だから、お墓があるのですね。

それにあなたは、お墓をきちんとしてくれないから、子孫の繁栄を阻《はば》むというご先祖様になりたいですか？　なりたくないですね。

あなたが亡くなるとき、お墓に○○をしてくれないと、不幸にするからね！と思わないでしょう。

誰もが子孫の幸せしか望まないのです。亡くなって軽いエネルギー体になるのに、お墓という物質にこだわることはないのです。

お墓をきちんとしないから不幸になるというのは、人間の思考です。

お墓は、お世話ができるのなら、もってください。

昔は、みんなが近くに一緒に住んでいたから、何代もお墓の世話ができましたが、今はみんなが地元にいるということが少なくなりました。ほとんどが核家族です。

お墓を世話するということが大変な労力になっています。田舎のお墓をどうしようという社会問題も出てきています。

それを自分の子孫にさせてまで立派なお墓を作りたいかと考えたとき、私はちょっと嫌だなと思うのです。

お墓はきっと、残された家族がそこに行けば故人にいつでも会えると考えられた場所なのです。お墓に行くことで、故人を思い出し、心穏やかになれるからお墓があるのでしょう。

けれど、お墓がなくても故人とのコミュニケーションを取ることはできます。

ですから、霊感のある方の、「お墓をきちんとしていないから、ご先祖様が成仏できていない」という言葉にはひっかからないようにしてください。

ケース2

仕事が楽しいと思えません。お金のために働いているだけです。転職をした方がいいですか？

今の仕事に不満のある人は非常に多いです。あなたの仕事が楽しくないのは、その仕事がどうこうではなく、もともとあなたがもっている不満の種が発動しているだけです。

ここの会社は私を認めてくれない、苦手な上司（先輩）がいる、給料が安い、休みが少ない…など、いろいろありますが、すべてはもともともっている不満の種が原因です。

その不満をもったまま転職したとしても、どこに行っても同じ結果になります。

まずは日常で自分を満たしてください。「これでいいや」ではなく「これがいい」

という気持ちに素直に従ってください。そうやって行動を少しずつ変えていくことで嫌なことにフォーカスする癖がなおります。

本当はなにをやりたいのか？　なにに挑戦してみたかったのか？　自分の本質にも気がついてきます。前向きな気持ちで転職活動ができるようになります。

もしかしたら、今の会社への見方も変わってくるかもしれません。

大事なのは不満の感情のまま行動に移さないことです。なぜならば、今の感情が未来を創るからです。

自分を満たしてくると、自分の「好き」がわかってきます。本質を思い出します。好きだったこと、挑戦してみたかったことにチャレンジしたくなるかもしれません。

そのときは、迷わずチャレンジしてください。好きを追求すると、思いがけない展開が起きてきます。

歌が好きで歌い続けていたら、60歳で歌手デビューできた、という話もあります。

お菓子作りが大好きでずっと勉強をしていた男性がいました。本業のサラリーマンと二足の草鞋で、週末営業のお店を出した人もいます。やり続けることで、好きが本業になることもあります。

好きなことを極めていくと、神のみぞ知る世界に突入します。こんなことをしてみたいと一瞬でも思ったことは、あなたにできることです。

まったくできないことは思い浮かびません。年齢も関係ありません。難しく考えないで、とにかくやってみてください。

あなたに自分を信じ切れる覚悟と、宇宙を信じ切れる覚悟があれば、大丈夫です。ぜひ、やってみたいと思ったことの一歩を踏み出してください。

ケース3
子どもが言うことを聞きません

現在のお産は、出産スタイルが自由になってきたとはいえ、ほとんどの妊婦さんが病院で出産することを選びます。

陣痛がはじまると、急いで病院に向かい、数時間陣痛の痛みに耐えながら、看護師さんに囲まれながら病院で出産します。

それから、子どもが生まれるとすぐ胎盤を出し、臍の緒を切るという流れになります。

実は、病院で出産する際のこの機械的な流れは、生まれてくる赤ちゃんにとって、非常にストレスがかかるそうです。

私の下の娘が、「生まれたときの記憶」をもっていました。

あるとき、「生まれたとき、機械的な音に囲まれていたことが、すごく嫌だった」

と話をしてくれたことがあります。

ひと昔前は、産婆さんや助産婦さんが自宅に来て、お母さんと意識を合わせ、子どもを産むことが当たり前でした。人間も動物なので、生まれたければ、子どもは自然に自分の力で生まれます。

自宅で子どもを産むため、胎盤が自然に出たときに、臍《へそ》の緒はすぐに切りませんでした。

自然に生まれた子どもは、病院で生まれた子のように激しく泣くこともなく、生まれるとすぐ眠ってしまうそうです。その間に、赤ちゃんは胎盤から栄養や愛情を存分に吸収します。

病院では、栄養を吸収しているときに、臍の緒を切られてしまいます。だから、病院で生まれた赤ちゃんの最初の感情は「足りない」だそうです。ほとんどの子どもが「足りない」と感じながら生まれてくるのです。

よく子どもは、本能のまま、あれ買って、これ買ってということがありますが、その気持ちを満たしてあげて、要求を聞いてあげてください。

小さいときのわがままというのは、たいしたことはないです。それを、我慢できない子になるからと我慢させ続けると、もっともっとが増幅してしまいます。

小さいころに子どもの心を満たしてあげることが大切です。そしてなにより大事なのは、お母さん本人が幸せであることです。

ある程度大きくなってきて自分の意見を言うようになりますね。そのときに、頭ごなしに否定をしていけません。

よく「うちの子最近、反抗期なのよね」と言うお母さんがいます。

それは反抗ではなく、子どもの意見です。

ついつい、親は「子どもはなにもわからないから」と、親の考え方のレールの上を走らせようとしますが、子どもにとっては嫌なこともあります。

そこを頭ごなしに押さえつけ、反抗期と決めるのではなく、その子にも言いたいことがあるんだと、意見を聞くことが大切です。

そのうえで、最終的にどうするのか親子で考えるといいですね。親子のコミュニケーションにもなります。


人は誰でも子どもが生まれてはじめて親になるわけですから、親子関係で言えば同級生です。

「お母さんはこう思うけど、〇〇ちゃんはどう思う？」

「私はこう思う」

こんな会話が親子でできたら、優しい家庭になります。

子どもには、好きなことを存分に、自由にさせてあげてください。

言うことを聞かないというのは、子どもの意見が出てきただけなのです。

子どもの「やりたい」を止めないでください。

子どもの「やりたい」を高めてあげてください。

そして、自分の子どもを信頼してください

ケース4

私よりきれいな人がうらやましく思えて、自己嫌悪です

外見、見た目のことは、気になってしまいますね。『人は見た目が9割』という本もよく売れました。

第2章でお話したように、「他人をうらやむ」というネガティブな感情を否定する必要はありません。自己嫌悪することはないのです。

まずはそんな自分の感情を受け入れましょう。

神様ももちろん美人が好きです。当然、美人を応援したくなります。そう考えると、神様は世の男性と一緒ですね（笑）。

そんなとき私はよく、「運命美人になりましょう」という話をしています。

さて、美人の条件というのは、どんなものが挙げられるかというと、まず、見

た目です。見た目が美しい人、次は、声が美しい人、そして、最後は心が美しい人です。

もちろん、見た目が美しいというのは、それだけでプラスポイントになりますが、この人が最悪な性格をもっていたとしたら、到底美人とは言えません。でも、容姿には自信がない。声もガラガラ声であまり好きではない。ただ、性格が良ければ、運命を美しく生きているということで、神様はその人を応援します。

まだまだ見た目、ビジュアルの善し悪しで判断されてしまう世の中ですが、それでも自分のことが大好きで、生き生きと美しく輝いている人というのは、いくらでもいますね?

学生時代を思い出してください。たいへんな美人でも少し暗い女性と、見た目はいまいちなのにとびきり明るくてよく笑う女性、どちらが幸せそうでしたか?

そんな人のことを私は「運命美人」と呼んでいます。

心を磨くことによって、誰でも運命美人になることができます。そして、実は神様は運命美人が一番大好きです。世の男性も本当はそうではないでしょうか？一緒にいて楽しくて、前向きで、人生を楽しく生きている女性が一番キラキラ輝いています。私は、みなさんにそんな運命美人を目指していただきたいと思っています。

ケース5

自分を大切にするとはどういう意味ですか？やり方もわかりません

自分を大切にするということが、まったくわからないという人は、結構いらっしゃいます。結局それというのは、自分のことをないがしろにしてきた結果なのです。

自分を大切にする方法というのは、実は簡単なことです。

今、コーヒーが飲みたくなって、コーヒーがない場合、お茶でいいか！　とお茶を飲むのではなく、コーヒーが飲みたいなら、コーヒーを買いに行って飲むということです。

ランチで本当はエビフライ定食を食べたいけれど、もうひとつの安い方でいいや！　とワンコインランチにするのではなく、エビフライ定食を食べることです。

クライエントへは、「一日一回、自分を満足させてあげてください」とアドバイスを伝えています。


今、これを食べたいと思ったら、食べる。

今、休憩したいと思ったら、休憩する。

極端なことを言えば、今日はどうしてもお仕事を休みたいと思ったら、休んでいいのです。

小さい子がいるお母さんは、なかなか自分のためにゆっくりする時間がありません。

自分のためにコーヒーを飲みながらスイーツを食べる時間を作る。マニキュアを丁寧に塗る。身体に少し高級なボディクリームを塗る。

このように、自分のことを大切に扱うことで、自分の中の満足度が上がってきます。

他人から大切にされない人は、自分でも自分のことを大切にしていないのです。

「なぜ、こんな目にあわないといけないの？」と思っている人は、自分で自分をそんな目に遭わせているのです。

若い人も同じです。自分を大切にしたことがない人が、相手に大切にしてほしいと願っても大事にしてもらえません。自分のことを大切にしていないのだから、誰もあなたを大切にしません。

私のセッションを3か月間受講してくださっている人には、長いお付き合いになるので、最初にプレゼントを贈っています。

プレゼントとは、一輪のバラです。なかなかバラを一輪もらう機会は、少ないでしょう。もらった人は、とても喜んでくださいます。

これは私が贈ったバラだけれど、変わると決めたあなたからあなたへのプレゼントですよという意味合いも込めて贈っています。

自分で自分のことを大切にする感覚というのは、とても嬉しいものですよね？

バラというのは、とても波動の高い花です。だから私はあえてバラを選んでいます。

自分で自分を大切にすることが非常に嬉しいという感覚を自分で作り上げてもらいたくて、バラを一輪贈っているのです。

そうやって、一日一回、自分のことを大切にしはじめると、本当はやりたくないことを、日々いかにやっているかということにも、気づきはじめます。

これがきっかけでどんどん自分のことを大切にするようになります。

おわりに

私たちは大きな愛の中にいます

私は、母子家庭で育ちました。

母が女手ひとつで三人の娘を育ててくれました。

持病をもっていた母は、私が高校生のころにとうとう働けなくなりました。家に余裕がないことはわかっていたので、私も姉たちも、みんな16歳からアルバイトをはじめて、学費や家計の足しにしていました。

私はアルバイトをしながら学校に行き、学校の勉強はおろそかになってしまいましたが、周りの大人に非常に恵まれました。

その後も、数えきれないほどいろいろなことがありましたが、周りの大人に助けられたことは今でもよく覚えているし、感謝しています。

当時、母と暮らすことによって、自分の生活に不満や不自由があったことも事実です。実際に、思ってもみなかった母に対する感情も出てきました。私と両親の間には間違いなく今でいうトラウマ、葛藤、親に対するいろいろな思いがありました。


それを自分の中で〝悩み〟と捉えたり、〝私は傷ついている〟と被害者意識をもって捉えているときは、やはりなにをやってもうまくいきませんでした。

そうなると、責任転嫁をしたくなる自分もいて、そういう自分とずっと一緒にいました。

それが違うのだとわかったときから、人生が変わりはじめました。

やはり、辛いこと、悩んでいることを、環境のせいや、親のせいなど、状況のせいにしているうちは、その悩みは消えることはありませんし、なにも変わることはありません。ただ、その環境をずっと選んできたのは自分です。だから、どんな状況でも、自分さえ変われば、すべてが変わるということを、体感したのです。

第2章で少し書きましたが、人間というのは、この親を選んで、ここに生まれようと決めたときにお腹の中に入り、今生このお母さんを通して生まれたときどういう体験をするのか、6、7割は疑似体験をしてきていると言われているのです。

赤ちゃんは、これだったら体験できると納得した上で生まれてきています。それでも、残念ながら流産してしまったり、亡くなったりする場合もあります。それは、非常に悲しいことではありますが、子ども自身が「やっぱり無理」と自分で帰っているだけなのです。

「生まれようと決めたけど、やっぱり厳しくない？」

「ここを乗り越える自信がないから、ちょっと一回帰ります」

と、帰るのです。

子どもは、すべて自分で決めて生まれてきています。だから、子どもたちももちろんのこと、私たちも乗り越えられないことはなにもないのです。

私たちは大きな愛の中にいるのです。私たちは幸せになるしかないのです。


私は、見えないものが見えてしまうことがあり、この世のスピリチュアルは99%怪しいと、スピリチュアルに対して少し攻撃的になっていたころがありました。そして、そう考えること自体が差別ではないかと悩んでいたこともあります。

そんなとき、ある人に
「紫貴ちゃんは自分が審神者《さにわ》だと気づいている?」

と言われました。

審神者とは、陰陽師がおろしてきた神意を解釈する人のことで、陰陽師と審神者はセットで動いています。おろす人は無でなくてはいけませんから、おろして聞いたことを判断するのが審神者の役目です。

私は母親と憑依生活をしていたことを思い出しハッとしました。それが私の使命で、そのために母と練習をさせられていたのだと、腑に落ちたのです。


もちろん、差別も攻撃するのもよくありません。

ただ、不安な時代は怪しいものもたくさん出てきます。そんなとき、みなさんが翻弄されないように区別することが、私の役割ではないかと思っています。

明るいとは言えない時代だからこそ、あれがダメこれがダメというのではなく、いいものを日々発信し続けたいと考えています。


この本を「うんうんわかる」と言いながら読んでくださった方、よくわからなかった方、深い気づきがあった方、いろいろな方がいらっしゃると思います。

本を出したいと思ってからずいぶん年月が経ちましたが、やっとこの日を迎えられたことをとても嬉しく思っています。

本書を執筆するにあたり、根気よくご指導くださった城村典子さん、二人三脚で歩んでくださったみらいパブリッシングの田中むつみさん、近藤美陽さん、今までBMEのカウンセリングを受けてくださったクライエントの皆様、この道のりを励ましてくださった友人や仲間の皆様、いつも寄り添ってくれた家族に心よりお礼申し上げます。

紫貴（しき）

BME カウンセラー

霊的感性が強い母をもち、自身もそれを受け継ぐ。

20代はじめに母と体験した「憑依生活」や、さまざまな不思議な体験を通し、見えない世界の本質を学ぶ。世の中のスピリチュアルに対しての偏見を感じ、その道で仕事をすることを避けて生きるが、母が亡くなったことが大きな転機となり、スピリチュアルの道を模索しはじめる。催眠療法、レイキヒーリング、リーディング、四柱推命等を学び、独自のカウンセリングをはじめる。

スピリチュアルの世界を特別なもの、神秘的なものとして扱い、「普通」「日常」とはかけ離れた発信が多くの人の偏見を生む原因と考え、個人カウンセリング、イベント企画などを手掛けながら独自の流れを作るも、自分もまた似非スピリチュアルの世界を創っていたことに気がつき、再度、自己探求と自己内観をする。現在は、自身のカウンセリングや講座を通して、スピリチュアルとはなにか？　スピリチュアルとのかかわり方、スピリチュアルの在り方を伝えている。

「占いやチャネリングに頼る人が普通の人、もらうアドバイスに振り回されず使いこなすのが一流の人、超一流は自分に答えがあると知っている人」

モットーは、
・超一流のスピリチュアリストで世の中を良くする
・楽しい大人が世界を変える
銀座8丁目にある紹介制スナックにてママとしてお店にも立っている。

（紹介制のため、お店の情報は非公開、ホームページよりお問い合わせください）

ネガティブは愛《あい》

脱《だつ》・自分嫌《じぶんぎら》いのスピリチュアル

2023年 1月30日 初版第1刷

著　者／紫貴《しき》
発行人／松崎義行
発　行／みらいパブリッシング
〒166-0003 東京都杉並区高円寺南4-26-12 福丸ビル6F
TEL 03-5913-8611　FAX 03-5913-8011
https://miraipub.jp　E-mail: info@miraipub.jp
企画協力／Jディスカヴァー
編　集／田中むつみ
ブックデザイン／池田麻理子
発　売／星雲社（共同出版社・流通責任出版社）
〒112-0005 東京都文京区水道1-3-30
TEL 03-3868-3275　FAX 03-3868-6588
印刷・製本／株式会社上野印刷所

ISBN978-4-434-31441-4 C0095